ÉLOGE

DE

FRANÇOIS BILLEREY.

Grenoble. Imp. Allier.—1-66.

ÉLOGE

DE

FRANÇOIS BILLEREY

DOCTEUR EN MÉDECINE ET LAURÉAT DE LA FACULTÉ DE PARIS,
MEMBRE DU LYCÉE DES ARTS ET DE LA SOCIÉTÉ DES SCIENCES ET ARTS,
LAURÉAT DE L'ÉCOLE CENTRALE,
PROFESSEUR ET DIRECTEUR DE L'ÉCOLE DE MÉDECINE,
MÉDECIN DES HOSPICES CIVIL ET MILITAIRE DE GRENOBLE,
INSPECTEUR GÉNÉRAL DES EAUX MINÉRALES DU DÉPARTEMENT DE L'ISÈRE
ET DE L'ÉTABLISSEMENT D'URIAGE,
MEMBRE DU CONSEIL D'HYGIÈNE ET DU JURY MÉDICAL,
MEMBRE CORRESPONDANT, HONORAIRE, TITULAIRE OU RÉSIDANT
DE PLUSIEURS SOCIÉTÉS SAVANTES,
NÉ A PONTCHARRA (ISÈRE) EN 1775,
MORT AUX ANGONNES, LE 27 NOVEMBRE 1839,

PAR

ARMAND-REY

DE LA SOCIÉTÉ DE MÉDECINE DE GRENOBLE.

GRENOBLE

RAVANAT, LIBRAIRE, PLACE DE LA HALLE

1866.

Le titre donné à cette notice biographique rend une explication nécessaire.

Destinée à être lue en assemblée solennelle de la Société de médecine de Grenoble, elle ne comportait pas plusieurs détails que des circonstances particulières ne nous ont pas permis de passer sous silence.

Le besoin de défendre Billerey contre d'injustes préventions, d'autant plus accréditées dans le public qu'elles sont plus anciennes, a rendu indispensable la production de preuves écrites, la citation de correspondances presque confidentielles, qui enlèvent à cet

éloge le caractère entièrement littéraire propre à ce genre de composition.

Mais, comme compensation, ce que cet
opuscule a pu perdre sous le rapport de la
correction du genre, il l'a amplement gagné
sous celui de l'exactitude historique.

Dans les recherches auxquelles il a fallu
nous livrer, deux sources principales de renseignements s'offraient à notre choix :
Les pièces écrites et la tradition.

La correspondance de Billerey ne se
compose plus aujourd'hui que de documents
épars, mais présentant, toutefois, une suite et
un enchaînement qui nous ont permis d'ex-
pliquer certains événements bien connus et
de les rattacher les uns aux autres.

L'appel fait aux souvenirs des contemporains ne nous a fourni que des renseignements les plus contradictoires, tels qu'on
pouvait les attendre, du reste, de reminis-
cences remontant à plus de trente ans.

Il nous restait les pièces officielles, et
c'est à ces dernières que nous avons puisé
nos lumières les plus certaines, nos appré-

ciations les plus fondées, comme nos faits les plus positifs.

Il nous a paru plus raisonnable de nous en rapporter au témoignage d'hommes tels que Maury, d'Haussey, Finot, de Gasparin, Pellenc et autres fonctionnaires, écrivant sur les événements au moment où ils venaient de s'accomplir, qu'aux mémoires humaines les plus fidèles, racontant, à la fin de 1865, ce qui se passait bien avant 1839.

ÉLOGE

DE

FRANÇOIS BILLEREY.

I.

Mes chers Collègues,

Lorsque, dans votre dernière assemblée sol-
lennelle, j'essayais d'esquisser en traits rapides
la vie du botaniste Villars, de ce savant illustre,
dont les débuts modestes faisaient si peu pré-
sager la fin glorieuse qui lui était réservée,
j'étais loin de penser, que par un étrange con-
traste, et la première fois que m'incomberait
le périlleux honneur de parler dans cette en-
ceinte, j'aurais à vous faire l'histoire de l'une

de nos illustrations médicales dont la carrière, commencée de la manière la plus brillante, devait se terminer au milieu des tourments qui naissent de l'ingratitude et de l'injustice des hommes.

Tandis que Villars, pauvre enfant des Alpes et qui n'avait reçu en partage ni les avantages corporels, ni l'éclat de la naissance, ni les faveurs de la fortune, parvenait, loin du théâtre de ses premiers succès, à immortaliser son nom ; Billerey, au contraire, homme du monde, esprit brillant et fécond, doué de tous les dons de la nature, mourait abreuvé de chagrins et méconnu de ses compatriotes, après avoir été, aux beaux jours de sa jeunesse, l'ami de Cayol, le disciple de Corvisart, l'élève de Bichat, et l'émule de Laënnec.

Dans le cours d'une existence remplie d'actes utiles, nous aurons à considérer cet homme remarquable sous les aspects divers de son génie original et de la merveilleuse facilité de son intelligence à se plier aux aptitudes les plus variées. Nous trouverons en lui le savant dont les travaux ont puissamment contribué aux progrès de notre art, le professeur disert, l'écrivain distingué, l'administrateur habile, l'inventeur et le créateur d'établissements qui font aujourd'hui la fortune et l'orgueil de notre pays.

La grande figure de Billerey se présente à nous comme l'incarnation d'un esprit précurseur, sans cesse en avance d'un demi-siècle avec son époque, et par cela même incompris de ses contemporains, alors que de nos jours et maintenant qu'il nous a été possible de vérifier l'exactitude de ses prévisions, il semble sortir de sa tombe, comme pour prendre part aux discussions actuelles, sur des questions qu'il a proposées lui-même il y a plus de quarante ans !

François Billerey naquit au hameau de la Combe, dans la commune de Pontcharra (Isère), en 1775. Son père, propriétaire (1) aisé, résolut

---

(1) On trouve, en 1776, sur le registre de la paroisse de Grignon, petite localité qui fait partie aujourd'hui de la commune de Pontcharra, un *Billerey (Guillaume)*, habitant Saint-Maximin et qualifié de chirurgien juré dans un acte de naissance où il figure comme parrain. Ce Guillaume Billerey était, d'après des renseignements certains, le père de François Billerey qui fait l'objet de cette notice. Il exerçait la médecine avec succès et jouissait, dans un rayon très étendu, de la confiance générale. Dans le même acte, l'épouse de Guillaume Billerey a signé *femme Billerey née Nicollet*. Cette circonstance dissipe tous les doutes, car la mère de François Billerey était, en effet, une demoiselle Nicollet, appartenant à l'une des meilleures familles de Grenoble. Cependant, la thèse que nous avons sous les yeux est précédée de cette dédicace : A MON PÈRE GUILLAUME

d'utiliser les heureuses dispositions qu'il manifestait pour l'étude en l'envoyant à Grenoble. C'est là que dans le cours de ses premières classes, il se fit remarquer par sa rare intelligence, par sa mémoire prodigieuse et qu'il remporta tous les prix au collége de la ville.

Parvenu à l'enseignement supérieur, l'école centrale du département de l'Isère lui décerna, le 9 fructidor de l'an VII de la République française, une et indivisible, le prix du cours de physique et de chimie.

D'aussi beaux succès lui présageaient naturellement de brillantes destinées : son père le fit partir pour Paris, en le recommandant à un dauphnois, M. Sarret (1), de Goncelin, dont la

---

Billerey, *propriétaire à* La Combe, *commune de Pontcharra*, etc. Pour concilier ce texte avec la tradition, il faut admettre, ce qui est d'ailleurs très possible, qu'en l'an XII, Guillaume avait cessé d'exercer la médecine et s'était fixé à la Combe.

Notre résolution de ne rien avancer que nous ne puissions établir sur des preuves authentiques, nous a déterminé à ne rien changer à cette qualification.

(1) Ce M. Sarret qui habitait Paris, fréquentait un monde adonné aux sciences et aux belles-lettres, dans lequel il fit admettre bientôt le jeune étudiant placé sous sa protection. Il était très lié avec Mme Vernet, qui donna asile à Condorcet pendant plusieurs mois. Selon toute apparence il le cacha aussi et

famille était en relation avec celle du jeune étudiant. Bien accueilli par son compatriote, pris
en affection par des personnages de distinction,
Billerey se formait par une excellente éducation
en même temps qu'il se livrait avec ardeur à
des études pour lesquelles il était passionné et
que lui rendait encore plus faciles l'affectueuse
protection de ses maîtres, dont il avait su se faire
remarquer par son assiduité.

La famille de Dreux-Brézé, alliée à une antique
famille dauphinoise, les marquis de Monteynard;
l'un des derniers comtes de Noinville, dont la
mère était une demoiselle de Simiane, petite-
fille de la célèbre Mme de Sévigné, recevaient
habituellement Billerey et lui faisaient, dans
un monde choisi, une position bien brillante
pour un simple étudiant de province.

Mais ce n'était pas ces relations, quel qu'en fût
l'éclat, qui devaient exercer le plus d'influence

---

de concert avec Mme Vernet, dans sa propre maison. M. Sarret
aimait à montrer, après la Révolution, à ses parents qui allaient
le voir à Paris, la cachette qu'il avait mise à la disposition du
célèbre mathématicien.

Condorcet, sur le point de tomber au pouvoir de ses ennemis
et obligé de fuir, laissa des papiers et des manuscrits à M. Sarret, qui en a extrait et publié, sous son nom, un traité d'arith-
métique.

sur son avenir. Dans la maison de M. Sarret,
il avait rencontré un juge de paix de Paris,
M. Michel. Ce magistrat, séduit par son caractère sérieux et par ses talents, le reçut chez lui
et l'honora de son amitié. M. Michel avait une
fille, qui unissait à un grand charme de beauté
un esprit des plus cultivés. Dans les rapports
presque journaliers d'une douce intimité, les
deux jeunes gens ne tardèrent pas à ressentir,
l'un pour l'autre, l'amour le plus tendre ; amour
partagé par deux natures d'élite, toléré et presque encouragé par les parents, qui désiraient
unir ces deux enfants si bien faits l'un pour
l'autre.

C'est, pour ainsi dire, sous l'inspiration de
cet amour sans borne, qu'animé des plus nobles
aspirations, dévoré des ambitions les plus su-
blimes, encouragé dans ces sentiments par celle
qu'il aimait plus que tout au monde, Billerey
embrassa l'étude de la médecine en artiste fou-
gueux, en poëte illuminé plutôt qu'en élève
studieux et réfléchi. L'an viii le trouve inscrit
au nombre des concurrents qui se disputent
l'honneur d'être admis à cette école pratique,
établie depuis cette époque dans le sein de la
Faculté de Paris et qui existe encore aujour-
d'hui ; et le 2 fructidor de l'an ix, il épousait

Mlle Antoinette-Marie-Julie Michel : il était alors âgé de vingt-six ans.

On pouvait craindre que les premiers entraînements d'une union si bien assortie vinssent distraire le jeune étudiant de son amour pour la science. Cependant il ne tarda pas à reprendre ses travaux avec une ardeur nouvelle; mais en même temps, avec plus de calme et de maturité.

L'enseignement médical sortait à peine du cahos où l'avaient plongé les évènements de la Révolution. Des lois nouvelles en assuraient le fonctionnement régulier, tout en demeurant impuissantes à imprimer, aux idées, aux doctrines d'alors, l'ensemble et l'harmonie désirables.

La médecine a toujours eu besoin d'étayer ses théories sur des sciences auxiliaires. Au XVIe et au XVIIe siècles, les praticiens empruntaient de préférence leurs arguments et leurs procédés de raisonnement à la philosophie métaphysique, appui large et commode autant que fragile. Aussi, la plupart des médecins de l'époque, avant d'embrasser la pratique de l'art de guérir, avaient-ils commencé par la théologie. On les voit, en effet, se mêler à toutes les discussions religieuses, en même temps qu'aux disputes soulevées par les écrits publiés sur la médecine, et Guy Patin nous montre un doyen de la Faculté de Paris aussi attentif à la querelle de *Jansénius* et de *Molinos* qu'à la lutte des partisans de la *divine saignée* contre les propagateurs de *l'antimoine*. Mais, au XVIIIe siècle, la médecine accuse des tendances manifestes pour l'exactitude ; elle demande à l'observation, la connaissance des phénomènes morbides, et leur explication à des sciences positives — la physique et la chimie — qui venaient d'acquérir un degré de certitude jusqu'alors inconnu.

C'est de ce mouvement que naquit une école de transition, qui, s'occupant d'abord de la classification des maladies d'après leur nature, n'accorda qu'une attention secondaire à leur traitement. Elle réduisait ainsi le but de l'observation à découvrir les symptômes propres à distinguer les unes des autres les maladies des différents systèmes d'organes, ou les perturbations des différentes fonctions. C'était l'école du grand Pinel, école brillante qui prépara les voies à celle dont Corvisart devint plus tard le chef.

Cette dernière école réalisait un progrès immense, en découvrant les vastes horizons offerts à l'observation par l'anatomie pathologique. Elle marchait à la recherche des signes des maladies pendant la vie, et de leurs altérations sur l'organisme, pour en déduire des règles de traitement et des moyens de guérison.

Comme procédé d'exploration, Corvisart avait perfectionné l'art de percuter et obtenu, par son secours, une exactitude plus rigoureuse dans le diagnostic des affections de la poitrine : c'était là un perfectionnement que Laënnec devait bientôt compléter, de la manière la plus heureuse, par la découverte de l'auscultation. Bayle, dans la biographie de ce grand homme, observe avec raison que « le fait le plus simple et le plus connu en apparence, quand il est fécondé par le génie, devient quelquefois la source des plus importantes connaissances. Tout le monde sait que lorsque l'on touche légèrement une poutre ou tout autre corps allongé, solide ou creux, à l'une de ses extrémités, le son se transmet à l'instant même, et avec une grande netteté, à l'autre extrémité. C'est ce phénomène d'acoustique qui suggéra à Laënnec l'idée d'étudier, avec un conducteur de cette espèce, les bruits produits par le jeu des organes thoraciques. » (*Encyclopédie des sciences médicales.*)

Mais, pour faire de sa découverte une application réellement utile, il fallait donner à chaque bruit sa signification symptomatologique ; comparer ces bruits entre eux, à l'état de maladie et à l'état sain, et rapporter les signes recueillis pendant la vie, aux altérations trouvées après la mort.

C'est à ces immortels travaux que Billerey voulut participer; car ses premières études l'avaient disposé à accueillir avec empressement les idées nouvelles. Lauréat de l'école centrale de Grenoble, physicien et chimiste, il suivit les cliniques de Corvisart, étudia l'anatomie avec Bichat, et se fit le collaborateur des observations de Laënnec.

Sous de tels maîtres, ses progrès furent rapides et il compta bientôt au nombre des élèves les plus remarquables de la Faculté de Paris. Le 8 messidor an ix, le lycée des sciences et des arts de Grenoble, ému de ses succès, lui offrit, par l'organe de son secrétaire Berriat-Saint-Prix, le titre de membre résidant, en sollicitant l'acceptation du jeune chimiste, comme une faveur insigne pour la compagnie.

Le voilà donc parvenu au comble du bonheur, tout jusqu'à présent lui a réussi : l'aisance, la considération, l'affection de ses maîtres, l'amour d'une épouse chérie, l'avenir le plus brillant est ouvert devant lui ; en un mot, il est en possession de tous ces biens précieux que le monde envie, et de plus, il allait être père !

Mais cet événement qu'il appelait de tous ses vœux, devait être, hélas ! la cause de tous ses malheurs et briser, d'un seul coup, l'échafaudage de sa félicité. Moins d'un an après son mariage, Mme Billerey mourut en couches, des suites de cette terrible fièvre puerpérale si meurtrière à Paris, et son enfant ne lui survécut pas. Billerey perdit ainsi les deux êtres qui le rattachaient le plus à la vie. Ce coup, aussi rapide qu'imprévu, le jeta dans un désespoir immense et le découragement s'empara de lui.

Cependant, les premiers moments de douleur passés, il chercha dans l'étude, sinon des consolations à son chagrin mortel, sinon l'oubli de celle qu'il devait regretter toute sa vie, du moins le calme dans la fatigue, ainsi qu'un aliment à son besoin d'activité.

Un concours pour le prix national de clinique interne s'ouvrait à l'école de Paris; il se jeta dans l'arène avec l'espoir d'y rencontrer les émotions de la lutte, plutôt qu'avec le désir d'en conquérir les palmes.

Ses efforts furent couronnés du succès le plus éclatant; il remportait, en effet, le prix sur des concurrents qui devaient atteindre à la plus grande célébrité, car parmi eux était Laënnec, l'immortel inventeur de l'auscultation!

Nous saisirons cette occasion, Messieurs, de rectifier ici une erreur commise par les auteurs de la *Biographie médicale* publiée dans l'*En-*

cyclopédie, sous la direction dc M. Bayle. Il est écrit dans cet ouvrage, t. ıı, pagc 918, 2e colonne, que « Laënnec remporta , en l'an xı, « les deux premiers prix de médecine et de « chirurgie à l'école de médecine de Paris. » C'est là une inexactitude. La famille du docteur Billerey possède encore une médaille d'argent grand module, frappée à l'effigie de Bonaparte, premier Consul, la quatrième année de son consulat, portant sous l'effigie ces mots :

Jeuffroy fecit 1803, Denon, directeur général du musée dés arts. Et au revers :

Prix national; puis, entre deux palmes :

François Billerey 16 fructidor an XI. L'an IV du consulat de Bonaparte.

Cette médaille accompagnait les œuvres d'Hippocrate richement reliées et ornées, sur la couverture, du sceau de l'Institut de France imprimé en caractères dorés.

Billerey n'était pas dans une disposition d'esprit qui lui permît de jouir de sa victoire. Une épidémie, dite catharrale, venait d'éclater à Paris, au commencement de l'hiver : ce fut pour lui l'occasion de nouvelles recherches, en même temps que le sujet qu'il choisit pour sa thèse inaugurale. Dans ce mémoire, il laisse voir entièrement l'état dc son âme et la tristesse à laquelle il est en proie : Son maître,

Bichat, était mort le 22 juillet 1802, c'est-à-dire, depuis que lui-même a perdu sa femme. Il consacre dans sa thèse, à ce maître vénéré, un témoignage de regret et de reconnaissance; dans lequel il confond en une seule, toutes les douleurs qui l'ont assailli.

« O Bichat, dit-il, qu'il soit permis à l'un de tes plus zélés disciples, que tu honoras de ton amitié, de jeter quelques fleurs sur la tombe où ta cendre repose! Oui, j'ose le dire, personne plus que moi n'a senti vivement ta perte. Tes bontés à mon égard, les qualités admirables de ton cœur qui m'étaient si bien connues, l'enthousiasme de la médecine que tu fis passer dans mon âme par tes découvertes aussi lumineuses qu'innombrables, les circonstances malheureuses qui m'ont frappé presqu'en même temps que ta mort et sur lesquelles j'eus la consolation de te voir, pendant trop peu de temps hélas! partager mes gémissements; tous ces souvenirs inséparables de ton image entretiendront longtemps dans mon cœur l'affliction que l'idée de ta perte y a fait naître. »

Bérard Trousset, professeur de chimie à l'école centrale, qui avait dirigé les premières études médicales de Billerey, lui avait conservé l'attachement d'un père. En conséquence, et dans le but de le ramener à Grenoble, il solli-

cite et obtient pour son élève une chaire à l'école de chirurgie. Il lui en fait parvenir le brevet en l'accompagnant de ces mots qui trahissent la plus tendre sollicitude : « J'ai à peine le temps de vous transmettre votre brevet de professeur, mon cher Billerey : il vous apprendra au moins que malgré votre absence je ne vous mets point au rang des oublis. Écrivez-moi le plus tôt que vous pourrez et marquez-moi si vous êtes satisfait de votre lot. Je vous embrasse. TROUSSET (1). »
Cette lettre et le brevet qu'elle accompagne sont du 26 nivôse an XI, et ce n'est que le 10 vendémiaire an XII, que Billerey ayant soutenu sa thèse pour le doctorat, se décide à accepter les propositions qui lui sont faites. Il veut enfin fuir les lieux témoins de ses malheurs ; pour s'y soustraire, il abandonnera tout ce que Paris lui promet d'avantages. Lauréat de la Faculté, il ne tient qu'à lui de profiter des carrières que le

---

(1) Immédiatement après la signature de Trousset , on lit ce *post-scriptum :*

« Bien des choses à Sarret , Madame Vernet , Lenoir, la fa-
» mille Michel, Bourguignon , Pinel , » etc.
qui prouve la nature des relations de Billerey à Paris. Au nombre des personnes nommées, figurent M. Sarret et Mme Vernet, les deux sauveurs de Condorcet. Si le dévouement de ces généreux amis ne put l'arracher à la mort, il parvint au moins à le soustraire à l'échafaud.

premier Consul prépare à tous les hommes de
mérite ; il sacrifiera jusqu'à l'amitié dévouée
des personnes qui, après avoir encouragé ses
débuts, l'engagent encore à demeurer près d'elles
en qualité de médecin et d'ami. Mais les offres
les plus séduisantes ne peuvent le retenir et
peut-être aussi l'invincible attraction qu'exerce
sur tous les montagnards le désir de revoir le
pays natal, agissant sur sa nature impres-
sionnable, il revient à Grenoble où l'attendaient
les chagrins et les déboires de toute espèce.

II

Billerey s'établit donc à Grenoble en 1804,
avec le titre de professeur de médecine élémen-
taire à l'école de chirurgie.

Il avait déjà su conquérir, à cette époque,
une position scientifique qui n'était pas sans
quelque éclat.

Grâce à la découverte de l'auscultation, l'on
était arrivé à reconnaître matériellement l'existence des épanchements thoraciques fréquem-
ment méconnus avant qu'on employât cette
méthode d'exploration. Sans s'arrêter à l'éty-
mologie rigoureuse du mot, ont donnait géné-

ralement le nom d'*empyème*, à ces épanchements, quelle que fût d'ailleurs la nature du liquide dont ils étaient formés. L'idée chirurgicale, aussi heureuse que hardie, d'appliquer à leur traitement la ponction dès longtemps usitée pour les hydropisies abdominales, fut appelée l'opération de l'*empyème*, et naquit de la certitude plus grande apportée dans leur diagnostic. Mais avant l'auscultation les médecins en étaient réduits aux signes rationnels, dont le meilleur ne saurait équivaloir au moindre signe sensible, et l'on ne peut aujourd'hui se faire à l'idée de toutes les difficultés qui accompagnaient alors la détermination de cette maladie si commune et si souvent mortelle. La question de l'*empyème* occupa l'une des premières toutes les sociétés et toutes les écoles de médecine; et les praticiens ne tardèrent pas à se partager en adversaires et en partisans de l'opération.

Billerey prit bientôt un rang honorable parmi ces derniers.

De concert avec Audouard, Jaymes, Lefaucheux, Fréteaux, Laënnec et tout ce que Paris et la province comptaient alors de jeunes intelligences remarquables, il établit expérimentalement une proposition concluant à l'innocuité de l'opération de l'empyème et des injections poussées dans la poitrine. Les mémoires du temps rendirent honorablement compte de ses travaux et relatèrent l'observation d'une malade qu'il était parvenu à guérir, en injectant dans ses plèvres, pendant plus d'une année, jusqu'à un demi-litre de décoction de quina tous les jours.

Son ami, le Dr Coindet, de Genève, n'avait pas encore indiqué l'emploi thérapeutique de l'iode et des injections iodées ; le quina en tenait lieu. A cette occasion, il avait même inventé un instrument pour prévenir l'introduction de l'air dans la poitrine pendant l'opération.

Ses recherches sur l'empyème, indépendamment de ses succès dans les concours, l'avaient posé à Grenoble, dès ses débuts, comme un médecin très instruit, et lui acquirent bientôt une grande confiance parmi les gens du monde.

Cette faveur ne pouvait manquer d'éveiller, en même temps, les susceptibilités de praticiens âgés et peu disposés à accueillir les idées nouvelles. Bien souvent il vit contredire, par ses anciens maîtres, le diagnostic qu'il avait porté ; mais presque toujours l'événement venait confirmer son opinion, grâce à la sûreté de ses procédés d'investigation.

Sa position se dessina donc bien vite à Grenoble. Notre école de médecine ayant été complétée par décret impérial daté de Berlin, le 6 novembre 1806, Billerey avait été chargé de la chaire de clinique interne par arrêté ministériel du 1er octobre de l'année suivante.

Ses relations nouvelles, l'extension que prend de jour en jour sa clientèle, et le besoin de se créer des affections de famille, l'engagèrent à contracter une nouvelle union et, au mois de septembre 1807, il épousa Mlle de Nartus. Toute jeune encore (1), Mlle de Nartus alliait aux agréments de sa personne les qualités du cœur et de l'esprit. Fort recherchée par tout ce que le pays comptait de partis honorables, sous le rapport de la fortune et de la position, sa famille, qui avait déjà perdu plusieurs enfants, l'accorda de préférence à Billerey, à cause de sa réputation de médecin savant et ne croyant pouvoir la confier à plus capable que lui de leur conserver l'unique fille qui leur restât (2).

Billerey faisait donc, en l'épousant, un mariage brillant sous tous les rapports, et les premiers temps de cette union furent certainement les plus heureux de sa vie. Il y goûta les joies de

---

(1) Elle était âgée de quinze ans.

(2) Le *Bulletin médical du Dauphiné* a enregistré, dans le courant de l'année 1864, la mort de Mme Billerey.

la paternité, entouré de l'estime et de la considération de ses concitoyens, occupé tout entier de travaux qu'il aimait, et entretenant des relations scientifiques et littéraires avec la plupart des médecins et des hommes les plus marquants de son époque.

L'enseignement de l'école de médecine de Grenoble était alors extrêmement suivi. Les guerres de l'Empire employaient beaucoup de chirurgiens, qui venaient y puiser les connaissances nécessaires pour entrer dans cette carrière alors très courue.

En même temps, des prisonniers de guerre atteints par les épidémies qu'engendrent l'agglomération dans les camps, les fatigues et la misère; les blessés évacués des ambulances mobiles, étaient de temps à autre dirigés sur l'hôpital de Grenoble.

Billerey trouva, dans cette double circonstance, l'occasion de recueillir une quantité prodigieuse de faits cliniques intéressants qu'il a consignés plus tard, soit dans un traité de médecine au lit du malade, soit dans un autre ouvrage inédit (1) qui, nous l'espérons du moins, ne sera pas perdu pour la science.

---

(1) Le premier de ces ouvrages est inachevé, il est intitulé :

Comme médecin d'hôpital et comme professeur, il sut communiquer son zèle infatigable à
ses collègues, qui bientôt, réunissant leurs
efforts aux siens, donnèrent à la pratique de la
médecine, à Grenoble, une telle importance,
qu'il fut sérieusement question d'ériger en Faculté l'école secondaire de médecine de notre
ville. Le Recteur de l'Académie en fit officielle-
ment la demande au ministre de l'instruction
publique, et ce qui prouve le mieux l'influence
qu'exerçait Billerey sur la détermination de ce
fonctionnaire, c'est qu'il fut délégué pour en
porter la pétition à Sa Majesté Impériale. On lui
avait adjoint, dans cette démarche, M. Repiton,
avocat, M. Dumollard, député, et le Dr Eymeri,
chirurgien-major de la garde.

Mais avant même d'avoir été mis à exécution, ce beau projet s'évanouit avec les splen-
deurs du premier empire. Billerey revint à son
cours de chirurgie où l'attendaient d'autres
sujets d'étude.

La médecine grenobloise, on peut le dire,
était alors entièrement personnifiée par les pro-

Traité de clinique médicale. Le deuxième, demeuré entre les
mains de Bernard, secrétaire de Billerey, est un manuscrit de
deux volumes sur la pathologie interne.

fesseurs et les médecins de l'école et de l'hôpital. Un système d'organisation essayé pour cette
institution, en 1809, avait été presque aussitôt
abandonné que conçu (1).

Depuis 1812, la Société de santé avait cessé
de fonctionner, absorbée qu'elle était par les
conférences des chefs de service de l'hôpital, et
l'*Annuaire* du département de l'Isère ne publiait
même plus la liste des praticiens exerçant à
Grenoble.

Les choses se continuèrent ainsi pendant un
certain nombre d'années.

Lorsqu'en 1817, un nouveau malheur vint
affliger Billerey : son jeune fils mourut d'une
affection cérébrale. On eût dit que la satisfaction de voir perpétuer son nom dût lui être
refusée. A cette occasion, Coindet, de Genève,
lui présente ses condoléances, dans une lettre
où il lui fait part de sa découverte de la spéci-
ficité de l'iode contre le goître, et de son efficacité dans le traitement des maladies scrofu-

---

(1) La Société de santé fut transformée en une espèce d'enseignement libre, où chaque médecin eut une chaire à son
gré. Mais la plupart des professeurs improvisés, n'ayant écouté
que leur ambition, trouvèrent leurs aptitudes en défaut. Cet
essai malheureux dura quelques mois à peine.

leuses, de certaines tumeurs, de quelques
affections du système lymphatique et des articu-
lations. Mais le mouvement scientifique qui se
fait autour de lui, l'entraîne malgré tout ; nous
le verrons tout-à-l'heure occupé de l'hydrologie
médicale du département de l'Isère ; pour le
moment, il est en correspondance avec Delpech,
de Montpellier, qui lui demande des moyens de
réfuter un ouvrage étranger dont l'auteur a osé
attaquer la mémoire de Laënnec, leur ami
commun. Il s'agit pour eux de la défendre d'une
imputation de mauvaise foi. Delpech veut faire
dessiner deux sujets qu'il a guéris de l'empyème ;
or, Billerey lui a montré, dans son service de
l'hôpital, deux autres sujets qu'il voudrait aussi
faire dessiner, afin de confondre son contradic-
teur.

Plus tard, le professeur de Montpellier, dési-
reux de publier un journal de clinique *chirurgicale, fait un appel à la collaboration* de notre
compatriote. Une proposition semblable, qu'il
a été sur le point d'accepter, et au sujet de
laquelle il a donné un plan de publicité pério-
dique plein d'idées pratiques et d'aperçus ingé-
nieux, lui sera faite quelques années plus tard
par M. Trousseau, de la Faculté de Paris ; mais sa
carrière d'écrivain va être interrompue par deux
causes de préoccupations auxquelles il ne pourra

pas se soustraire : l'école de médecine et les eaux d'Uriage.

Quatre médecins, jusqu'à présent, ont composé le personnel de l'école de médecine et de l'hôpital. Dans la première, le chiffre des élèves s'est singulièrement abaissé depuis la fin des guerres ; et le nombre des malades s'est réduit, dans le second, à ceux que fournit la population indigente de la ville. En outre, depuis 1816, on n'a noté aucune épidémie dans le pays. En même temps, et tandis que l'activité scientifique du personnel médical enseignant s'est ralentie peu à peu dans le calme, le personnel exerçant a manifesté, au contraire, des tendances à reconquérir son ancienne importance. Par les soins du docteur Silvy neveu, entré, en 1831, comme médecin à l'hôpital de Grenoble, la liste des praticiens de la ville reparaît sur l'*Annuaire* de la Cour royale. Une offre est faite au maire, par les praticiens de la ville, relativement au service gratuit de l'hôpital. A cette proposition, qui souleva les réclamations les plus vives, Billerey fut chargé de répondre.

Dans cette circonstance difficile, le professeur de clinique, prenant en main la défense de l'école, saisit cette occasion de prouver dans un mémoire remarquable, dont la bibliothèque de la ville possède un exemplaire, que l'enseigne-

ment médical et le service des hopitaux se prê-
tant, l'un à l'autre, un mutuel concours, ils ne
sauraient être séparés.

Le régime hospitalier n'avait pas encore subi
en France les modifications qui ont si puissamment contribué, depuis, à l'amélioration du
sort des malades soignés dans les hospices. Cependant, Billerey avait plusieurs fois proposé
l'adoption de mesures empruntées aux services
qu'il avait visités à Paris. Il remplissait d'ailleurs, de la manière la plus satisfaisante, toutes
les conditions pour traiter, avec une grande
autorité, la question qu'il soulevait.

Reprenant donc l'histoire de l'hospice de
Grenoble à l'époque, antérieure à la Révolution
de 1789, où cet établissement était administré
par les pères de la Charité, et passant en revue,
à partir de ce moment jusqu'à la situation présente, toutes les phases du service médical et
chirurgical de cet établissement, il arrive à
démontrer que les services n'ont été faits d'une
manière satisfaisante que sous la direction de
médecins professeurs, et avec l'aide d'élèves
trouvant dans leur instruction le principal émo-
lument de leurs peines.

Aussi, l'administration de l'hôpital, après
des essais aussi infructueux que variés, en est-
elle toujours revenue à ce procédé d'organisa-

tion, dont l'expérience lui a démontré la supériorité.

D'où cette conclusion, qu'il déduit d'une manière irréfutable des textes des décrets et ordonnances relatifs à l'école de médecine et à l'hospice de Grenoble, que les médecins de l'hôpital devant tous faire des cours pratiques de médecine, les professeurs de l'école seuls peuvent être chargés du service de l'hôpital.

A l'appui de l'opinion qu'il soutient, et pour prouver que ces professeurs ont toujours suffi aux besoins des malades, il cite des faits qui offrent aujourd'hui un véritable intérêt historique. Il rappelle qu'en 1814, cinq professeurs de l'école de médecine de Grenoble, avec leurs élèves, parvinrent à soigner quatorze cents malades, à la satisfaction générale de tous les chefs militaires chargés de la surveillance de l'hôpital ! « Ce fait est trop connu, dit-il, pour qu'on puisse le révoquer en doute. »

Dans cette circonstance, les efforts de Billerey ne demeurèrent pas sans résultat; on ne toucha ni à l'école, ni aux services hospitaliers.

On lui a reproché depuis, et ce n'est peut-être pas sans raison, de n'avoir pas compris qu'un hôpital, qu'une école de médecine ne sont pas seulement destinés, au point de vue de l'enseignement, à former des élèves ; mais qu'ils doivent encore servir à maintenir l'instruction médicale des praticiens de la ville où ils sont établis. Que, sous ce rapport, il importait d'en faciliter l'accès à une génération plus jeune, plus active et, par cela même, plus disposée aux études et aux recherches.

Mais, si cette pensée ne ressort pas du mémoire de Billerey, les promotions nouvelles qui suivirent de près sa publication, prouvent qu'il l'avait partagée. En effet, c'est à cette époque qu'entrèrent à l'hôpital et à l'école bon nombre de praticiens distingués, dont le passage dans ces institutions a été marqué par des travaux dignes des plus grands éloges.

En même temps, le choléra sévissait à Paris d'une manière cruelle. Les médecins de tous les pays se préoccupaient de ce terrible fléau venu des bords du Gange, et s'attendaient, à chaque instant, à le voir faire irruption dans leur résidence. Les municipalités, les administrations civiles et militaires rivalisaient de précautions pour prévenir sa propagation. Billerey observe avec intérêt le mouvement des esprits, il suit assidûment toutes les discussions académiques et, de toutes les observations, de tous les mémoires publiés, aucun n'échappe à son étude attentive. Puis, il se forme une opinion qu'il discute et qu'il s'efforce de faire préva-

loir dans un ouvrage, dont le titre est une profession de foi en même temps qu'un programme;
il est intitulé :

DE LA CONTAGION DU CHOLÉRA-MORBUS DE
L'INDE, *dénoncée et démontrée par le raisonnement, ou opinion d'un médecin de province sur la nature de cette maladie et sur les
mesures à prendre pour en réprimer promptement
le cours, avec l'indication des moyens curatifs
les plus rationnels et les mieux expérimentés.*
Grenoble, Prudhomme, imprimeur-libraire,
1832. *450 pages, in-8°.*

Il fallait être doué d'un grand courage pour
présenter, sur une maladie aussi terrible que le
choléra et juste au moment où elle faisait le
plus de victimes, une théorie aussi alarmante
que celle de la contagion.

L'école physiologique créée par Broussais,
dont le prestige subsistait encore presque tout
entier, disposait peu les médecins à se ranger
parmi les contagionistes. Mais les convictions
de Billerey n'avaient point été ébranlées par les
doctrines de l'agitateur illustre du Val-de-Grâce,
et, poussé sans doute par cet esprit précurseur
que déjà nous avons admiré en lui, la publication de son livre fut achevée en quelques mois.

Dominé par le désir de prouver la contagion du choléra, il passe légèrement sur sa

période prodrômique, mais il est certain qu'il l'a entrevue ou tout au moins qu'elle ne lui a point complètement échappé, car il en distingue les principaux symptômes. Il en est de même des conditions les plus favorables à l'infection : il cite des faits qui prouvent que le sommeil dispose à l'intoxication miasmatique.

L'analyse de cette œuvre remarquable, contenant des propositions qui ont été depuis complétement confirmées par l'observation ultérieure des dernières épidémies cholériques, nous entraînerait bien au-delà des limites que nous avons dû nous imposer (1).

Vous penserez peut-être que le peu d'accueil

---

(1) Après avoir déduit de nombreuses analogies que le choléra ne peut être que le résultat d'un empoisonnement du sang, et à défaut d'un antidote certain, il donne des préceptes de traitement qui sont précisément ceux qu'on met en usage dans ce moment : diète rigoureuse, boissons chaudes, provocation de la transpiration, bains de vapeur, lavements d'amidon laudanisés, laudanum à l'intérieur, légères émissions sanguines, boissons d'eau froide, glacée, d'eaux gazeuses ferrugineuses, légers toniques, etc.

Quant aux moyens préventifs et de désinfection, il cite plusieurs expériences faites par lui à propos d'épidémies meurtrières de typhus, et qui démontrent l'efficacité désinfectante des gaz acides minéraux, tels que l'acide azotique et l'acide hydrochlorique de préférence aux émanations chlorurées.

fait à ce livre, au moment de son apparition, par l'administration supérieure et par les Assemblées savantes tient à des conditions tout autres que les véritables causes de cette indifférence, et c'est précisément contre une pareille croyance que j'ai voulu vous mettre en garde. Si les opinions émises par notre célèbre clinicien n'ont pas été appréciées comme elles méritaient de l'être, c'est qu'elles venaient avant leur temps, avant que les esprits médicaux fussent préparés à les adopter ; c'est qu'enfin elles heurtaient des idées reçues, des systèmes à la mode, et le besoin qu'éprouvait le Gouvernement de rassurer les populations effrayées (1).

Ce qu'il y a de bien positif aujourd'hui, c'est

---

(1) L'extrait suivant de la lettre ministérielle qui lui apprend le sort réservé à son ouvrage, le démontre surabondamment. « Les mesures administratives que vous proposez sont liées à » vos vues théoriques sur le choléra. Or, l'administration n'est » point juge des questions de doctrine ; elle ne peut s'en rap- » porter, à cet égard, qu'à l'opinion des corps savants. L'Acadé- » mie royale est son conseil naturel en fait de médecine ; et » puisque cette compagnie a exprimé sur la contagion du cho- » léra des idées entièrement différentes des vôtres, je ne sau- » rais, sur la seule autorité de vos lumières, prescrire des dis- » positions que l'Académie a proclamées dangereuses ou inu- » tiles, etc. »

que la plupart des propositions déduites par Billerey, de l'*Étude des épidémies*, sont maintenant généralement acceptées comme parfaitement démontrées par l'expérience.

On voit que les travaux d'hydrologie médicale qu'il a entrepris depuis 1821, ne l'ont pas empêché de s'occuper des questions les plus intéressantes pour la santé publique, pas plus que du service des hôpitaux et de l'enseignement médical. Son activité pourvoyait à toutes les exigences de sa position. En 1833, la confiance du ministre de l'instruction publique l'appela à la direction de l'école secondaire de médecine, en remplacement de Silvy oncle, démissionnaire.

Il n'épargna rien pour donner tout l'essor désirable à l'institution dont les intérêts lui étaient confiés (1).

Il avait fondé à l'hôpital des consultations cliniques entre les médecins de cet établissement, chaque fois qu'un cas intéressant,

---

(1) A cette occasion, il organisa une séance solennelle de rentrée de l'École de médecine et prononça, dans cette circonstance, un discours qui fut interrompu par le fonctionnaire de l'Académie chargé de la présider. Nous avons sous les yeux le discours de Billerey, imprimé, et nous y cherchons vainement les motifs d'une semblable rigueur.

une opération grave, une détermination délicate
à prendre se présentaient dans les services.
Dans ces conférences cliniques, qui avaient,
peu à peu, remplacé les séances de la Société
de santé, il montra bien souvent la franchise de
son caractère en revenant d'une opinion erron-
née, manifestée quelquefois avec une vivacité
devenue chez lui proverbiale.

Mais il était évident que sa carrière, comme
professeur, touchait à sa fin. Il n'apportait déjà
plus ni la même régularité, ni le même empressement dans ses leçons cliniques.

Il lui était bien permis, d'ailleurs, après
trente années consécutives d'enseignement et de
pratique, de se recueillir un peu et même de se
complaire dans la contemplation des services
qu'il avait rendus à l'instruction publique et à
la science.

III.

Mais le plus beau titre de gloire de Billercy,
ce qui lui a acquis le plus de droits à la reconnaissance de ses compatriotes, c'est d'avoir été

l'instigateur des établissements thermaux de notre département de l'Isère.

Par une intuition en quelque sorte prophétique, il a prévu tout le parti à tirer de l'exploitation des eaux minérales, pour la thérapeutique des affections chroniques, et pour la fortune publique, dans un pays aussi pittoresque, aussi beau que le nôtre.

A la vérité, quelques malades se pressaient déjà autour de leurs sources croupissantes et mal captées, stagnant en plein air, sans abri et sans matériel, pour les recueillir ou pour en user avec quelque profit. Le projet de les convertir en stations importantes, à peine a-t-il germé dans son esprit que déjà il en a entretenu le chef de l'administration départementale, M. le baron d'Haussey, dont il a bientôt gagné la confiance. Le 19 mars 1821, il reçoit de ce magistrat le titre d'inspecteur général des eaux minérales du département ; titre *insolite*, comme il le dit lui-même dans un de ses mémoires, qui semble créé tout exprès pour lui, et qui est commandé, en réalité, par la situation exceptionnelle des sources thermales confiées à sa direction. C'est à former des établissements, bien plus qu'à surveiller une exploitation qui n'existe pas encore, que consiste sa mission. Aussi, sa sollicitude s'étend-elle indistinctement et aussi bien sur Allevard et sur la Motte, que sur Uriage, sa création préférée. Il envoie des malades aux premières de ces eaux, et il entretient, en ce qui les concerne, avec le docteur Châtaing, des rapports intéressants d'hydrologie médicale pratique comparée. Pour les autres, il rêve un brillant avenir, et combine un projet, — repris plus tard par un magistrat dévoué au pays, M. Berriat, maire de Grenoble, — afin de leur donner une vogue et une importance en rapport avec leur grande puissance médicatrice.

C'est revêtu de ce titre d'inspecteur général, quelque inusité qu'il fût, et avec l'appui de celui qui le lui avait conféré, qu'il entreprit des fouilles et des recherches qui aboutirent à la découverte des restes d'anciens thermes romains (1),

---

(1) Au moment où, pour la première fois, il fut question du résultat de ces fouilles, des gens qui plaisantent de tout imaginèrent une histoire dont nous ne parlerions même pas, si elle n'avait eu, malgré son absurdité, un certain retentissement. On raconte que des mystificateurs auraient enfoui dans le terrain fouillé, un vase de forme antique préparé à l'avance et rempli de vieux sous oxydés. On ne manqua pas d'ajouter que Billerey s'était complètement laissé prendre à cette mystification, ce qui pendant quelque temps, amusa beaucoup le bon public de notre ville.

Ce ne fut que plus tard et lorsque des aqueducs, des voûtes, dont l'existence reconnue venait témoigner, à la fois, de l'ancienneté de la source, de sa valeur thérapeutique, de l'usage qu'en avaient fait les anciens maîtres du monde à des époques reculées, et, par conséquent, de l'espérance qu'il était permis raisonnablement de concevoir dans l'avenir d'une spéculation fondée sur ces antécédents. Sans perdre un seul instant, Billerey bâtit un établissement provisoire, si toutefois on peut décorer de ce nom quelques baraques en planches, abritant des baignoires et des douches, et qui lui permirent cependant de donner, dès la première année, tant aux malades indigents qu'a la clientèle payante, le chiffre énorme, pour un premier essai, de plus de 6,000 bains !

Le préfet enthousiasmé de ces résultats, les fit connaître à son conseil général qui, à l'unani-

---

des constructions imposantes, moins faciles à enfouir qu'un simple vase de terre, furent découverts, qu'on commença à croire à l'existence réelle des *anciens thermes romains*. On rencontre encore aujourd'hui des personnes qui s'en tiennent à l'histoire du *pot préparé*. Mais pour tout homme de sens, il est bien évident que Billerey, homme instruit et versé dans l'histoire de l'antiquité, n'a pu tomber dans un piège trop grossier même pour tromper un écolier.

mité, s'empressa de voter une somme de 6,000 f.,
pour continuer, sous la direction de l'ingénieur
des mines du département, les travaux entrepris par le médecin. Alors Billerey, dégagé de
cette partie de l'entreprise, tourne son activité
du côté de son installation provisoire : il y
ajoute des cabinets de bains au nombre de
douze, une douche et un appareil de son inven-
tion pour le chauffage par la vapeur, afin de
donner à l'eau minérale la température nécessaire, sans lui rien laisser perdre de ses prin-
cipes minéralisateurs. Tout cela est fait à ses
frais, et il y consacre une somme de 9,000
francs !

Qui croirait aujourd'hui, en présence de
l'aspect animé que présentent nos principales
places publiques au départ des nombreuses voi-
tures qui transportent, à nos stations thermales,
les touristes et les baigneurs qui s'y rendent
chaque année; à voir cette foule d'étrangers de
tous les pays attirés par nos eaux, qu'il a fallu
résister avec la plus grande énergie contre le
mauvais vouloir, contre une opposition aveugle,
au développement de ces sources, non-seulement de santé, mais de fortune et de civilisa-
tion? Qui croirait que la vie d'un savant
philanthrope s'est usée dans cette lutte insen-
sée, inspirée par l'esprit de routine ?

C'est d'abord contre les propriétés médica-
trices de ces eaux que s'élèvent les doutes les
moins fondés ; puis, des bruits absurdes sont
colportés et circulent dans le public, attribuant
à l'usage des eaux, des accidents imaginaires
inventés dans l'unique intention de nuire.

Enfin, quand la vogue s'en empare, quand
la foule s'y porte, quand le succès va couron-
ner les efforts du généreux promoteur de cette
utile création, l'on crie à l'exagération, l'on
nie ce succès sans se donner même la peine de
le constater. Mais ce n'est pas à nous qu'il
appartient de porter un jugement sur des faits
dont il faudrait pouvoir, au contraire, effacer
jusqu'au souvenir, et point n'est besoin de
signaler de quel côté vinrent les obstacles au
développement des établissements thermaux qui
florissent aujourd'hui autour de Grenoble. Qu'il
nous suffise de dire et de prouver quelle part
Billerey a prise à leur fondation et à leur prospérité.

De tous les ouvrages publiés sur les eaux minérales, il n'en est aucun qui rende à ce médecin la justice qui lui est due pour l'importance
de son initiative et de ses travaux. Nous n'avons
pas à rechercher les motifs de cette abstention,
qui ne saurait trouver une excuse suffisante dans
des questions personnelles, et moins encore se

retrancher dans une indifférence coupable de la part de quiconque présente au public une production qui, nécessairement, comporte une partie historique des hommes et des choses tenant à son sujet (1).

Au silence que gardent à cet égard les auteurs qui ont écrit, depuis lors, sur Uriage, opposons les attestations suivantes :

« Mon cher Docteur, lui écrit le baron d'Haussey, à la date du 15 avril 1824, en m'éloignant du département de l'Isère, je ne perds pas le souvenir des amis que j'y ai laissés ; j'emporte et je conserverai toute ma vie l'attachement que je leur ai voué, et je saisirai toutes les occasions pour leur en fournir les preuves. Vous, qui m'avez voué une si constante amitié et qui avez *pris une si forte part aux tribulations que nous ménageaient les opposants à l'exécution de nos projets sur les eaux d'Uriage*, vous deviez compter d'une manière plus spéciale sur mon dévoûment. Veuillez donc me placer sur la première ligne de vos amis, et me traiter comme tel. J'ai

(1) Les médecins du pays qui ont écrit sur les eaux minérales du département de l'Isère sont : MM. Pasquier, Gerdy, Pernard, Buissard, Niepce, Hervier, Doyon.

entretenu de nos eaux plusieurs médecins célè-
bres. Tous m'ont promis d'y envoyer des malades. M. Boin, surtout, inspecteur général,
m'a promis de vous appuyer de tous ses moyens.
Écrivez-lui, transmettez-lui votre mémoire qu'il
est impatient de connaître; adressez-vous, en
un mot, à lui *si on vous cherchait de nouvelles
chicanes*. »

Et à la date du 18 juin 1824 :

« Quoique habitant de Bordeaux, je ne cesse
pas, mon cher docteur, de m'intéresser à la
ville de Grenoble et aux établissements que j'ai
contribué à y former. Dans le but d'accréditer
les eaux d'Uriage, je vous envoie deux malades
qui devront être traités au compte du département de la Gironde, etc..... »

Presque à la même époque, le docteur Coindet, de Genève, lui écrit spécialement à l'occasion de la restauration de la source minérale
d'Uriage :

« Monsieur et honorable confrère, je vous
félicite de *votre découverte* de nouvelles .eaux
minérales. Veuillez m'envoyer votre mémoire,
je vous en serai fort obligé; je les ferai connaître
en Suisse, je vous adresserai tous ceux de mes
malades que je jugerai susceptibles d'en tirer
quelque profit, et je les féliciterai d'être confiés

aux soins immédiats d'un praticien de votre valeur. Pour moi, je me fais une fête de penser que ce sera une occasion de me mettre en relation suivie avec vous, et de me procurer souvent de vos nouvelles. »

Le 29 octobre 1824, Mabit, de Bordeaux, son ancien condisciple, avec qui il correspond au sujet d'observations et d'expériences sur l'emploi des eaux d'Uriage, lui écrit :

« Tu sauras que MM. Laënnec et Lordat, qui ont vu la ci-devant dartreuse sont étonnés du succès, qu'ils figureront au nombre des témoins attestant l'efficacité de tes traitements, et qu'ils croient, comme moi et nombre d'autres médecins, que ces eaux sont transportables sans altération, et, par conséquent, doublement utiles, etc..... »

Billercy nommé, le 19 mars 1821, par le préfet de l'Isère, inspecteur des eaux minérales du département, puis inspecteur de la source d'Uriage, par ordonnance royale du 11 juillet de la même année, et confirmé dans la première de ces deux nominations, par décision ministérielle du 27 juillet 1825, Billercy, disons-nous, avait été brutalement destitué et privé de ses fonctions, le 21 août suivant. Cette destitution s'explique facilement :

Billerey, inspecteur départemental des eaux minérales, représentant naturel de l'administration, ne devait s'occuper que des intérêts généraux, que de l'utilité publique, comme on dit aujourd'hui : c'est pourquoi il s'attacha plutôt à satisfaire aux besoins des malades, qu'à ceux de la spéculation.

Il est possible aussi, qu'enorgueilli avec raison de la part qu'il avait prise dans la rénovation d'Uriage, il affectât des allures, un langage, des prétentions qui, bien que légitimes en quelque sorte, n'en devaient pas moins froisser des susceptibilités jalouses. Il dut, en conséquence, abandonner ses travaux et faire place momentanément à M. le docteur Bouteille, bon praticien, homme doux et conciliant, mais complétement étranger à la pratique des eaux minérales (pratique d'ailleurs peu répandue encore), et totalement dépourvu des qualités nécessaires pour occuper convenablement un tel poste.

L'établissement, loin de progresser pendant cette nouvelle période, qui dura cinq ans environ, périclita au contraire, ainsi que le constate un rapport préfectoral de l'époque, et, le 29 octobre, un arrêté de M. Guizot, ministre de l'intérieur de S. M. Louis-Philippe, réintégra Billerey dans sa position d'inspecteur des eaux minérales d'Uriage. Cette décision qu'il accueillit comme une réhabilitation, comme une réparation, et qui le combla de joie, fut accompagnée d'une lettre d'envoi écrite de la main même de M. de Gasparin, alors préfet de l'Isère :

« Monsieur le Docteur, j'ai l'honneur de vous adresser expédition d'un arrêté du ministre de l'intérieur, qui vous réintègre dans les fonctions de médecin-inspecteur des eaux minérales d'Uriage.

» Je suis heureux d'être appelé à concourir à un *acte de justice* qui vous replace à la tête d'un établissement *dont vous êtes en grande partie le fondateur*, et qui devra acquérir, par vos soins, une nouvelle prospérité.

» Je préviens de cette disposition le propriétaire de l'établissement.

» Recevez, Monsieur, etc.

» Le Préfet de l'Isère,

» GASPARIN. »

La lette suivante, de M. le baron d'Haussey, prouve que Billerey ne s'occupait pas, toutefois, exclusivement d'Uriage, mais qu'en reportant sa sollicitude sur les autres sources du pays, il remplissait consciencieusement son mandat d'inspecteur des eaux minérales du département.

« Paris, 22 octobre 1829.

» N'accusez pas mon amitié, mon cher docteur, des lenteurs de ma correspondance, mais bien l'exigence des affaires. J'ai lu votre mémoire sur les eaux de la Motte avec un bien vif intérêt, c'est un excellent travail. Pourquoi faut-il que l'argent nous manque? Le Gouvernement ne peut prêter aucun concours à l'exécution de votre projet. Il faut donc vous adresser à l'intérêt privé, et demander sa réalisation à une réunion de capitalistes, etc.... »

Il s'agissait alors d'amener les eaux de la Motte à Vif. Billerey avait adressé à l'administration, relativement à ce projet, un volumineux mémoire dans lequel se trouvent traitées, avec détails, toutes les questions afférentes aux eaux de la Motte et aux travaux à exécuter. En rapprochant les événements qui se sont produits depuis, des prévisions de ce médecin, on ne peut s'empêcher de remarquer combien elles étaient justes et fondées.

« Je m'occupe de vos excellents mémoires sur Uriage, mais je veux les lire en entier, les étudier, les annoter, et pour cela le temps me manque (1).

» Agréez, etc. »

---

(1) Il est fait ici mention de mémoires nombreux et très

Ces mémoires dont il vient d'être parlé, avaient été soumis au baron Alibert, et voici le conseil qu'ils provoquent de la part de l'illustre dermitologiste :

« Vous manifestez l'intention de publier votre travail sous la forme épistolaire, — écrit-il, — il est vrai que Morgagni Sydenham et beaucoup d'autres l'ont adoptée avec un plein succès dans leurs écrits. Toutefois, puisque votre travail est complet, puisqu'il est naturellement et régulièrement bien divisé, mieux vaudrait, ce me semble, l'exposer par chapitres. »

Puis, après quelques développements donnés à cette première idée, Alibert ajoute en forme d'affectueuse prière :

« Une chose qu'il me paraît bien essentiel de vous recommander, et sur laquelle votre ancien ami, feu Laënnec, serait assurément de mon avis, c'est de n'exercer, dans cet ouvrage,

---

étendus et c'est à peine s'il en reste des traces à la bibliothèque de la ville et dans quelques collections particulières ; presque tous ont disparu. On ne peut admettre qu'ils soient demeurés en partie inédits ; car, relativement aux manuscrits qui sont entre nos mains, et notamment pour celui qui traite des eaux de la Motte, nous avons de bonnes rai ons de croire qu'ils ont été publiés.

aucune critique contre ceux dont vous avez eu à
vous plaindre. Heureux l'auteur qui peut dire,
à la fin de sa carrière :

» Aucun fiel n'a jamais empoisonné ma
plume.

» Quand votre travail aura paru, j'aurai
grand soin d'en rendre compte dans l'ouvrage
que je prépare sur les eaux minérales. »

Enfin, M. le baron Finot lui écrivait en
1830 :

« J'ai l'honneur d'adresser à M. le docteur
Billerey, copie du rapport que j'adresse au
ministre de l'intérieur concernant son analyse
des eaux de la Motte. Je le prie de croire qu'il
me trouvera toujours disposé à seconder son
zèle pour la belle entreprise qui l'occupe en ce
moment, et à faire connaître au Gouvernement
combien ses anciens services et ses talents le
rendent digne de sa bienveillance, etc..... »

Il me serait facile de multiplier à l'infini ces
citations qui n'ajouteraient rien, je crois, à la
conviction que j'espère être parvenu à vous faire
partager et que je formule ainsi :

C'est à Billerey que revient l'honneur d'avoir
été le véritable promoteur des établissements
thermaux de notre département.

Que cet hommage public, rendu à son mérite
et à ses persévérants efforts, lui tienne lieu enfin

de la justice qui lui est due, en attendant que
ses concitoyens fassent quelque chose de plus
pour sa mémoire, en inscrivant son nom sur le
marbre des bains qu'il a si puissamment contribué à fonder !

Pour prix de tant de peines et de travaux,
Billerey n'avait recueilli que l'ingratitude; sa
clientèle, fatiguée de ses pérégrinations conti-
nuelles, l'avait abandonné. Il avait dépensé des
sommes considérables en essais, en tentatives,
en démarches et en recherches, sans compter
les publications et les mémoires qu'il produisait
sans cesse.

Les inimitiés que lui avait attirées son opiniâ-
treté à poursuivre une idée utile à son pays, à
la science et à l'humanité, le trouvant inatta-
quable sur ce terrain, étaient descendues jus-
que dans sa vie privée, se livrant, sur ce point,
à une espèce de diversion propre à le harceler,
à épuiser ses forces en les divisant.

Vainement il pensa trouver un soulagement à
ses chagrins, en exhalant ses plaintes : la sen-
sibilité du public s'émousse vite devant des
lamentations trop répétées. Ses griefs, une fois
connus, on s'y accoutuma, et le rôle de victime,
qu'il se donnait volontiers, lui devint si naturel
qu'on cessa de s'apitoyer sur son sort.

Le cri de détresse qu'il adressa au ministre

de l'intérieur, en 1839, fut le dernier (1), il n'en retira d'autre bénéfice que de faire nommer Bernard, son élève et son secrétaire, aux fonctions d'inspecteur-adjoint des eaux d'Uriage.

Billerey avait été proposé plusieurs fois pour la décoration de la Légion d'honneur ; il avait même été sur le point de l'obtenir, lors du passage du comte d'Artois à Grenoble ; mais toujours des influences contraires l'avaient empêché de recevoir cette récompense si bien méritée.

En 1839, le préfet et le conseil général de l'Isère adressèrent pour lui, au ministre des travaux publics, une demande formelle de décoration, et l'on put croire que bientôt elle lui serait accordée.

Mais, hélas ! il n'était plus temps de songer

---

(1) En voici le début :

« Victime innocente depuis le commencement de l'établissement définitif d'Uriage, c'est-à-dire, depuis que des tiers se sont emparé de ma découverte, mais plus particulièrement depuis quatre ans, d'un système de persécution peut-être inouï dans les annales de l'administration, abreuvé d'ingratitude, affligé dans mes sentiments moraux, froissé dans mes intérêts matériels, et tout cela au grand mépris des lois et à l'affligeant spectacle des honnêtes gens, j'ai fait de vains efforts auprès du ministre, etc »

à l'indemniser de ses peines par des titres ho-
norifiques.

Abreuvé d'inquiétude et d'ennui, un vague
malaise venait après chaque repas le jeter dans
un état d'accablement dont il ne se rendait pas
encore bien compte. Mais un jour qu'il revenait
de l'établissement des bains à sa campagne
des Angonnes, tout-à-coup, il se sentit pris de
faiblesse et bientôt une hématémèse vint lui ré-
véler sa véritable situation. Il était trop bon
praticien pour ne pas reconnaître, à ce signe,
une affection organique de l'estomac, cette maladie des grands génies et des grandes infor-
tunes. Il n'en ressentit qu'un peu de tristesse ;
et ne songea plus, à partir de ce moment, qu'à
sa fin prochaine et aux conséquences de cet
événement pour ses amis et pour sa famille.
Toute sa vie il avait aimé s'exercer à porter un
pronostic, aussi rapproché que possible, sur tous
les objets qu'il soumettait à son observation.
S'appliquant à lui-même cette disposition par-
ticulière de son esprit, il chercha à préciser
exactement l'époque de sa mort; triste distrac-
tion qui l'occupa jusqu'à ses derniers moments.

Au physique, Billerey était de taille un peu
au-dessus de la moyenne; d'un embonpoint assez
fort sans cependant en être incommodé ; il avait le
teint coloré, l'œil d'un beau bleu ; les cheveux

blanchis avant le temps mais assez fournis; le nez petit et court, mais correct et gracieux de forme; la bouche bien faite, un peu dédaigneuse, se relevant finement sur l'une de ses commissures quand il s'animait et laissant voir, en s'entr'ouvrant par un sourire empreint de bonhommie, des dents belles et bien conservées. Sa physionomie jouissait d'une grande mobilité et semblait accoutumée à exprimer des sentiments gais. Il avait la parole facile, parlait toujours le verbe haut et avec vivacité; sa répartie était prompte; il affectionnait particuliérement la plaisanterie.

On cite de lui une infinité de mots heureux (1),

---

(1) En voici un entre mille : Un jour d'hiver, après 1830, il était en faction, en qualité de simple garde national, à la porte de l'hôtel du général Quiot. Il faisait un froid très vif dont son carrick, à cinq collets, ne le préservait qu'incomplétement. Une de ses clientes, voisine du général, ayant pitié de sa triste position, s'approcha de lui.—«Vous avez bien froid, pauvre docteur, lui dit-elle, que pourrais-je bien faire pour vous soulager ? Si j'allais vous chercher mon chauffe-pieds? »— « C'est une idée, répond Billerey; puis, se ravisant, il ajouta : « puisque vous êtes si bonne, apportez-moi donc aussi une chaise. »

La cliente s'éloigne et revient bientôt avec les objets demandés et Billerey de s'installer commodément au fond de sa guérite. Bien assis et bien enveloppé, les pieds sur la braise, sa faction s'acheva ainsi sans qu'il y songeât; lorsque le caporal du qui contribuaient à donner à sa conversation une tournure à la fois attrayante et originale. Tels sont les traits les plus saillants de cette individualité médicale dont le souvenir est demeuré gravé dans la mémoire de beaucoup d'entre vous.

Comme médecin, thérapeuticien fécond, il possédait un tact médical presque infaillible, une sûreté de pronostic surprenante et il excellait surtout dans celui des altérations anatomopathologiques.

Le nombre de ses amis et la constance de leur affection pour lui, prouvaient assez qu'il était susceptible d'attachement et digne d'en inspirer.

Les confrères et les collègues de Billerey, presque tous ses anciens élèves, vinrent le voir à la campagne où il s'était retiré. Sa maladie faisait des progrès rapides qu'il suivait avec un intérêt tout scientifique et sans paraître redouter la mort. Quand cependant le moment fatal lui parut proche, il fit appeler un prêtre. Il avait

---

poste vint pour le relever. — Que faites-vous-là ?.. , est-ce ainsi qu'on doit monter la garde ? dit-il, moitié sérieux moitié riant. — « Mon ami, répond gravement Billerey, allez, et dites à votre général que vous avez vu un garde national qui n'a pas peur du feu ! »

eu si souvent, dans le cours de son existence, l'occasion de maudire, qu'à ses derniers moments il éprouva le besoin de pardonner. L'homme fort, l'esprit indépendant, le libre penseur, arrivé à son heure suprême répondit à la banale injure trop souvent jetée à la face des médecins, à cette accusation imméritée de matérialisme qu'on nous inflige inconsidérément dans le monde, en se réfugiant dans le sein de Dieu ! Ce serait faire injure à sa mémoire que d'attribuer à des sentiments de crainte, qui certainement n'étaient pas dans son cœur, cette action si simple et si naturelle. Une pensée plus consolante le guidait : après l'heure du ressentiment et de la colère était venue celle de l'oubli et de la mansuétude !

Il s'éteignit calme et résigné, entouré de sa famille éplorée, sans que du commencement de son agonie jusqu'à son dernier soupir il ait perdu un seul instant la conscience de sa situation.

Vers le soir du 27 novembre 1839, la cloche de la petite chapelle des Angonnes annonça aux habitants de cette localité qu'ils venaient de perdre celui que, depuis longtemps, ils vénéraient et chérissaient comme un père. Ses obsèques furent célébrées sans pompe et dans le plus grand recueillement.

Autour de la tombe prête à se refermer sur une belle intelligence et sur un homme de bien, se pressaient les médecins de Grenoble, les élèves de l'école de médecine, ainsi qu'un grand nombre de citoyens appartenant aux rangs les plus élevés de la société.

Son corps fut déposé dans le cimetière de la commune où, maintenant encore, on voit le modeste mausolée indiquant le lieu où repose sa dépouille mortelle.

Trois jours après cette douloureuse cérémonie, le 30 novembre 1839, un magistrat, dont notre pays a conservé le souvenir comme de l'un de ses meilleurs administrateurs, M. le préfet Pellenc, écrivait à la veuve de Billerey:

« Madame, j'éprouve le besoin de vous exprimer la vive part que je prends à votre douleur. Je portais au Dr Billerey une estime et une affection profondément senties, et je regrette en lui, non-seulement le médecin d'un mérite éminent que tous ses compatriotes ont apprécié, mais aussi le véritable ami.

» Lui aussi avait conçu pour moi un attachement dont j'ai toujours été fort reconnaissant. Ce qui rend mes regrets plus amers, c'est de penser que sa vie a été abrégée par les chagrins *qu'on lui a injustement suscités et qu'il n'a pas dépendu de moi de lui éviter.*

» Je vous prie, Madame, de daigner compter sur mon affectueux dévouement et d'agréer l'expression de mon respect. »

Arrivé à la fin de ma tâche, Messieurs, j'éprouve le besoin de réclamer votre indulgence pour la manière bien imparfaite dont je l'ai remplie. Que n'avais-je à mettre à son service l'éloquence de Pariset, le célèbre panégyriste de tant d'hommes illustres de notre profession ?

Mais je trouve une excuse à ma hardiesse dans cette circonstance que Billerey fut l'ami dévoué de ma famille, que mon enfance reçut de lui ces soins touchants qu'on n'oublie pas, qu'il m'inspira enfin l'amour de la médecine et que dire, quand je le pourrais, comme je le pourrais, les bienfaits dont je lui suis redevable et l'affection que je lui ai conservée, était pour moi un devoir sacré dont je tenais à m'acquitter envers sa mémoire vénérée. J'étais impatient de répondre, un peu tard sans doute, à

des préventions dont tous les hommes impar-
tiaux ont senti l'injustice, mais contre lesquelles
personne n'avait eu, jusqu'ici, le courage de
s'élever. Puissiez-vous, en faveur de l'intention,
pardonner à mon insuffisance.

BIBLIOTHEQUE NATIONALE DE FRANCE